AF460095

MÉMOIRE

SUR

LES DUNES,

Et particulièrement sur celles qui se trouvent entre Bayonne et la pointe de Grave, à l'embouchure de la Gironde ;

Par N. T. Bremontier,
Ingénieur en chef des Ponts et Chaussées.

À PARIS,
DE L'IMPRIMERIE DE LA RÉPUBLIQUE.
Thermidor an V.

MÉMOIRE

SUR

LES DUNES,

Et particulièrement sur celles qui se trouvent entre Bayonne et la pointe de Grave, à l'embouchure de la Gironde.

CHAPITRE PREMIER.

Description des Dunes, de leur marche et de leurs effets.

1. LES dunes sont des montagnes ou monticules de sables que la mer rejette, et que l'on trouve presque par-tout sur ses bords.

2. Ces sables, de différente nature, tiennent nécessairement de celle des diverses matières dont ils sont formés.

On en trouve qui sont purement calcaires, sur quelques côtes de Normandie ; ils sont mélangés sur celles de Bretagne et de Saintonge, et généralement quartzeux entre l'embouchure de la Gironde et celle de l'Adour.

3. Les dunes de cette dernière partie du golfe de Gascogne embrassent un espace de 75 lieues carrées, ou de 300 milles de superficie.

Cette immense surface, qui pourrait être comparée à celle d'une mer en fureur dont les flots élevés seraient subitement fixés dans le fort d'une tempête, n'offre aux yeux qu'une blancheur qui les blesse, une perspective monotone, un terrain montueux et nu, et enfin un désert effrayant.

C'est de cette dernière partie sur-tout qu'il sera dorénavant question dans ce Mémoire.

4. Ces dunes sont plus ou moins élevées et plus ou moins avancées dans les terres, suivant les circonstances qui ont concouru à leur formation et qui en ont retardé ou accéléré la marche, telles que la violence et la direction des vents, la pente plus ou moins rapide du lit de la mer, du rivage et du terrain qu'elles ont envahi, et les différens obstacles qu'elles rencontrent.

5. La largeur de l'espace qu'elles occupent n'est quelquefois que d'un mille, et quelquefois de 4 ou 5 et plus; et leur hauteur, réduite quelquefois à 12 pieds, est le plus souvent de 60 à 150, et même davantage.

6. Elles ne couvrent pas toujours cette vaste étendue : tantôt isolées ou contiguës, tantôt les unes sur les autres, elles sont encore divisées par chaînes, entre lesquelles il se trouve des vallons peu larges, d'une longueur souvent de plusieurs milles sans interruption *.

7. Les dunes restent rarement dans le même état : leur sommet s'élève ou s'abaisse ; elles se réunissent ou se séparent ; de nouveaux vallons se forment et d'autres se remplissent ; et tous ces changemens ou ce désordre sont l'effet des vents dont elles semblent le jouet.

8. Toute cette masse énorme marche tout-à-la-fois, et elle enterre insensiblement des champs cultivés, des établissemens précieux, des villages, des clochers, des forêts entières, et enfin tout ce qui se trouve à sa rencontre, mais sans rien détruire, et, pour ainsi dire, sans rien offenser ; les feuilles mêmes des arbres changent à peine de position ; et leur sommet est encore quelquefois vert au moment où ils sont sur le point de disparaître.

Cet effet, qui doit sembler extraordinaire, est cependant très-naturel. Si l'on faisait tomber par un trou de sablier dont on se sert pour mesurer le temps, du sable aussi fin que celui des dunes, sur les plantes

* Les habitans du pays appellent ces vallons, *lettes*, nom dont on ne connaît point l'étymologie.

même les plus délicates et jusqu'à ce qu'elles en fussent surmontées, elles n'en seraient pas sensiblement endommagées : le sable ne tasse presque point ; et tombant, pour ainsi dire, grain à grain sur ces plantes, chacune de leurs parties serait soutenue au moment où elle serait sur le point d'en être recouverte.

C'est à-peu-près de cette manière que les dunes encombrent tout ce qui se trouve sur leur chemin.

9. Comme ces montagnes ne font que passer, on voit reparaître successivement sur le terrain qu'elles abandonnent, tout ce qu'elles y avaient enseveli ; mais les plantes et les bois tombent en pourriture dès qu'ils commencent à recevoir les impressions de l'air, et l'on ne trouve d'intact ou de bien conservé, que les murs des maisons ou de quelques édifices, quand toutefois, avant leur submersion, on ne les a pas démolis ainsi qu'il est d'usage.

10. Comme encore les vents sont l'unique mobile de ces sables, comme ce mobile agit irrégulièrement et inégalement en tous sens, il doit produire des irrégularités dans la composition des dunes, dans leur forme et dans leur marche.

11. Chacun des grains de sable dont elles sont composées, n'est pas assez gros pour résister aux vents d'une certaine force, ni assez petit pour être enlevé comme de la poussière ; ils ne font que rouler sur la

surface dont ils sont arrachés, s'élèvent rarement à plus de trois à quatre pouces de hauteur, vont souvent avec une très-grande vîtesse *, et retombent par leur propre poids lorsqu'ils sont à l'abri du vent, ce qui arrive toujours quand ils ont surpassé le sommet de la montagne.

Ainsi, chacun de ces mêmes grains occupe alternativement le centre de la dune, et ils passent tous successivement de la base au sommet et du sommet à la base.

12. Il arrive cependant assez souvent, et sur-tout après les temps de sécheresse, que cette espèce d'ordre dans le mouvement de ces sables est dérangée par les vents d'ouragan et de tempêtes, qui en enlèvent et transportent au loin des masses considérables à-la-fois; et c'est à ces sortes d'accidens que l'on doit la formation de ces monticules isolés qui s'étendent toujours en avant, et vont désoler le pays et couvrir les campagnes.

13. A mesure qu'une dune avance, elle perd dans sa marche toujours quelque chose de son volume, dont elle laisse nécessairement des parties dans les

---

* Leur vîtesse est quelquefois si considérable et leur choc si violent, qu'ils enlèvent la dorure des métaux ou leur poli, et rendent les parties du corps qui y sont exposées, rouges et sanguinolentes.

cavités et les inégalités du sol qu'elle parcourt ; et elle deviendrait insensiblement à rien, si elle n'était pas entretenue et fortifiée par de nouvelles matières produites par la même cause ou provenant de la même source.

14. La vîtesse de la marche des dunes doit être en raison inverse de leur volume, c'est-à-dire que lorsqu'il est peu considérable, elles doivent avancer plus vîte, et réciproquement.

15. Les dunes du centre sont ordinairement les plus élevées : ce sont de véritables chaînes de montagnes, toujours susceptibles d'être accrues par les autres montagnes moins fortes qui les suivent.

16. Il est généralement reconnu et démontré, même par les progrès des dunes dans les terres, que les vents, dans la partie de l'ouest, soufflent ou plus long-temps ou avec plus de force sur nos côtes que ceux qui viennent de la partie de l'est ; car si, à cet égard, leur activité était égale, ces sables nécessairement n'occuperaient qu'un espace circonscrit, et seraient alternativement poussés et repoussés soit du côté des terres, soit du côté de la mer. On peut donc mettre en principe que les vents de l'ouest règnent sur nos côtes.

17. La pente d'une dune exposée aux vents

régnans, est toujours moins rapide que celle du côté opposé : la raison en est toute simple. Lorsque les sables mus sont parvenus au-delà du sommet, ils se trouvent abrités et retombent. Ce dernier talus est le plus ordinairement de 50 à 60 degrés, c'est-à-dire *à terre coulante* *, et le premier de 10 à 25 : cette règle générale est sans doute derangée lorsque les vents de la partie de l'est ont accidentellement une certaine durée.

18. Tous ces sables sont sortis de la mer, et continueront de s'en échapper tant que ces vents seront les mêmes. On doit donc présumer que les dunes augmenteront journellement ou d'étendue ou de volume, et que si cette cause ne cessait pas, elles acquerraient par la suite une hauteur aussi considérable que celle de nos plus hautes montagnes; et l'on ne peut révoquer en doute que le riche territoire des environs de Bordeaux ne puisse être couvert un jour de 3 ou 400 pieds de sable.

19. Suivant plusieurs remarques qui ont été faites, l'avancement vers l'est, de la masse générale de ces sables, est d'environ 10 toises par an **. Cette ville

---

* Mot adopté pour désigner le talus naturel que prennent les terres lorsqu'elles sont jetées en tas.

** Le pied d'une des grandes dunes du bourg de la Teste, d'après la vérification faite le 1.er fructidor an 3, se trouve 92

est précisément à l'est des dunes ; elle n'en est aujourd'hui éloignée que de 20 milles : d'où l'on peut conclure que dans à-peu-près vingt siècles, elle aura éprouvé ou sera sur le point de subir le même sort que les vastes bois de pin de Saint-Julien-de-Lit, de Lacanau et de la Teste ; celui enfin des bourgs de Vieux-Soulac et de l'ancienne commune de Mimizan, qui ont autrefois existé sur nos côtes *.

Ce terme est trop éloigné, sans doute, pour qu'on puisse prendre quelque inquiétude sur le sort de cette superbe ville ; mais le bourg de la Teste, plusieurs autres bourgs, et un grand nombre de villages qui ne sont pas éloignés des dunes, ne peuvent pas exister plus d'un siècle ; et dans dix années, au plus tard, le clocher de la nouvelle Mimizan sera indubitablement enseveli sous les sables **.

2O. Les dunes, en s'avançant dans les terres, non-seulement ensevelissent des établissemens pré-

---

toises plus près du clocher de ce bourg qu'il n'était dans le mois d'août 1787 ;

Ainsi son progrès dans les terres est de 11 toises 3 pieds, réduits par chacune de ces années.

* Mimizan n'est plus qu'une malheureuse commune dont les habitans sont obligés de reculer journellement leurs établissemens dans les terres.

** On s'était donné quelques soins pour prévenir ou du moins pour éloigner cet événement ; mais on n'a pas réussi, et, depuis quelques années, l'église est envahie.

cieux et des champs en valeur; mais elles obstruent encore de temps en temps les canaux par lesquels les eaux des rivières et des ruisseaux se rendent à la mer.

Ces eaux, alors sans débouché, refluent dans les terres, inondent et désolent les campagnes, jusqu'à ce qu'elles aient pu, par cette force active et continuelle avec laquelle elles luttent sans cesse contre tout obstacle, s'ouvrir d'elles-mêmes un nouveau passage; effet assez ordinaire, et que l'on accélère, autant qu'il est possible, à force de bras: mais il est arrivé quelquefois que ces passages se sont fermés tout-à-fait; et c'est ce qui a occasionné la formation de ces lacs et de ces marais immenses qui occupent un terrain si vaste derrière ces dunes, depuis la pointe de Grave jusqu'à Saint-Julien-de-Lit. Elles n'ont aujourd'hui d'issue, sur une longueur de 60 mille toises, que par le bassin d'Arcachon et le boucaut de Mimizan.

Il paraît assez constaté qu'elles avaient autrefois plusieurs autres débouchés; et si l'on en croit les habitans du pays, il n'y a pas plus de deux ou trois cents ans que le bassin de Lacanau se déchargeait dans la mer par un canal qu'ils nomment encore *le chenal d'Anchise.* On ne sait par quelle raison ce canal porte le nom de ce prince troyen, qui n'est toutefois célèbre que par les faveurs de *Vénus.*

Ces débouchés sont plus multipliés entre le chenal de Lit et l'embouchure de l'Adour.

21. Les dunes restent quelquefois toute une année sans faire de progrès, ou du moins des progrès bien sensibles ; mais un fort coup de vent d'ouest répare très-promptement le temps qu'elles semblaient avoir perdu pendant cet intervalle. J'ai vu une montagne avancer de plus de deux pieds pendant l'espace de trois heures, malgré une pluie assez forte qui devait naturellement en retarder la marche.

22. C'est dans ces momens de tempête que les dunes sont véritablement intéressantes et dignes de toute l'attention de l'observateur. Des brouillards de sable couvrent absolument leur surface : les premières couches (celles qui reçoivent immédiatement les impressions de l'air) sont d'abord enlevées; les autres, au contraire, en repos depuis plusieurs années, déjà dans une espèce de concrétion (car la nature travaille sans cesse à se réparer), ont acquis une certaine dureté, et opposent une assez forte résistance pour se défendre pendant quelque temps ; et comme chacune des parties qui les composent ne résiste pas également, comme encore l'action qui tend à leur désunion est elle-même inégale, toute la nouvelle surface de ces sables se trouve remplie d'un nombre infini de trous, et hérissée d'une quantité non moins considérable de buttes, toutes de différentes formes.

D'autres accidens ajoutent encore à cette espèce de désordre : des morceaux de bois pourris, des feuilles de goêmon, un brin d'herbe enfin, y produisent des effets aussi singuliers que bizarres, qu'il serait presque impossible de se figurer, si on ne les avait exactement suivis, et qu'on n'eût pas bien étudié les causes qui les ont produits.

Une grande partie de ces buttes ont à leur sommet un corps ou plus tenace, ou plus pesant, qui, s'il ne l'empêche pas tout-à-fait, retarde au moins de quelques momens leur destruction.

Toutes ces couches ont des couleurs particulières, d'une teinte plus ou moins foncée, qu'elles paraissent tenir des diverses substances répandues dans l'atmosphère dont elles s'emparent. Elles n'ont généralement que quelques lignes d'épaisseur, sont très-marquées, et aussi faciles à distinguer que celles de nos anciennes terres. Le fer paraît y dominer.

23. De légers brouillards, les moindres pluies, les seules impressions de l'air faiblement agité, suffisent pour détruire en très-peu de temps les irrégularités, ouvrage des ouragans.

Le gluten qui avait commencé à lier ces sables, se décompose ; et tous ces édifices tombent, pour ainsi dire, en efflorescence.

24. Les fortes pluies occasionnent encore dans les dunes, des changemens assez sensibles, et mettent

dans leurs couches une confusion d'un autre genre.

Il se forme dans les forts talus (ceux à terre coulante) une grande quantité de petits ravins, presque aussitôt remplis que creusés, et l'on en voit descendre des plaques de plusieurs pieds de largeur, et quelquefois de plusieurs toises de hauteur.

L'effet ordinaire de ces pluies est d'arrondir les sommets de ces montagnes, et d'augmenter la largeur de leurs bases.

25. Toutes les irrégularités que nous venons de remarquer sur la surface, existent nécessairement dans l'intérieur des dunes, puisque toujours un vent moins fort succède à la tempête. Lorsque ce vent est sec, tous les trous sont remplis et les buttes recouvertes par de nouveaux sables, sans avoir éprouvé d'ailleurs de dérangemens trop sensibles, et sans que les causes que nous avons déjà détaillées aient eu le temps d'opérer leur destruction.

Il est, sans doute, très-possible que ces montagnes soient un jour absolument et invariablement fixées et habitées, et que quelques établissemens publics exigent des ouvertures de routes, des constructions de puits, des coupures, des excavations profondes. Il s'élevera indubitablement alors des discussions sur les édifices anciennement enfouis, dont on retrouvera des traces; sur des arbres enracinés et debout, de cent pieds de hauteur, surmontés de cent pieds de terre, qui, pétrifiés ou changés de nature, n'auront pas changé de forme, et dont les feuilles pour ainsi dire dans leur position naturelle, quoique décomposées, auront cependant laissé leur empreinte. On formera des conjectures peut-être fausses sur ces bizarreries dans l'arrangement de ces terres, qui n'est véritablement que l'effet tout simple et tout naturel du mouvement des eaux, des impressions de l'air et du jeu des vents; mais on en trouvera facilement l'explication dans la seule étude de la nature, si l'on veut prendre la peine sur-tout de suivre sa marche sur le rivage de la mer et sur ses bords.

26. Les vallons qui se trouvent entre les dunes, changent de place comme ces montagnes. Leur sol, successivement couvert et découvert, ne produit que quelques espèces de gramen, dont les jets traçans et genouillés s'échappent par rayons, forment à chaque nœud de nouvelles racines et de nouvelles plantes qui, par la facilité qu'elles ont de s'étendre et de se propager en tous sens, remplissent en peu de temps le terrain qu'elles peuvent parcourir, et gagnent de vîtesse les autres sables qui les poursuivent. Les autres plantes, n'ayant pas les mêmes moyens, n'ont pas le temps de s'y reproduire; et c'est par cette raison qu'elles y sont en très-petite quantité.

Quoique ces herbes soient peu serrées entre elles ou clair-semées, elles suffisent cependant pour la nourriture de quelques troupeaux épars de veaux et de vaches, que ceux à qui ils appartiennent ne peuvent reconnaître qu'à des marques particulières, qu'ils ont l'attention de faire quand le nourrisson est encore faible, et avant qu'il ait quitté sa mère, qui n'est reconnue elle-même que par ce moyen. Ces troupeaux quelquefois appartiennent à la commune: dans ce cas, les bêtes qui les composent sont absolument sauvages. On les tire à coups de fusil, et elles se vendent à l'enchère : ces produits sont employés pour les besoins de la commune et par les ordres de la municipalité ; le prix le plus ordinaire d'une de ces vaches, est de 30 à 40 liv.

27. Après avoir fait la description des dunes, et les avoir suivies dans leur marche, dans leur accroissement et dans leurs effets, nous ne devons pas négliger de parler de quelques dangers auxquels on est exposé en les parcourant, et d'indiquer ce qu'il convient de faire pour les éviter.

Il se forme au pied de ces montagnes, après des pluies abondantes et d'une certaine durée, de petits lacs ou amas d'eau, quelquefois de plusieurs pieds de profondeur. Nous avons vu (12) que les vents violens enlevaient des parties de sable en les arrachant de la masse pour les transporter au loin. Ces sables retombent en pluie sur la surface de ces lacs, ordinairement tranquilles et bien abrités, descendent sans frottement et sans aucun mouvement forcé, restent, pour ainsi dire, en équilibre au milieu des eaux, et y forment une infinité de petites voûtes ;

ces voûtes en soutiennent d'autres, celles-ci d'autres encore, et ainsi de suite : ces dernières s'élèvent souvent à plusieurs pieds au-dessus des eaux. La partie supérieure de ces sables étant alors blanche et sèche, le piége bien recouvert est parfaitement voilé. Celui qui marche sur cette surface, met le désordre dans l'édifice ; toutes les voûtes s'écroulent, et il s'enterre quelquefois jusqu'aux reins ; mais la frayeur est presque toujours plus grande que le danger. En supposant même qu'il fût possible de s'y enfoncer jusqu'au cou, il serait aisé de s'en tirer, en observant pourtant de ne pas faire d'efforts, ni de trop précipiter ses mouvemens ; car on pourrait par-là contribuer à sa perte. L'équilibre de ces sables dérangé, ils se tassent d'eux-mêmes, et il ne faut que donner le temps à ce tassement de s'opérer. Lorsqu'il est fait, on lève une jambe, et on reste quelques instans sans mouvement. Un nouveau tassement se fait sous le pied levé, et le fond devient plus solide. On lève l'autre jambe avec les mêmes précautions, ainsi successivement, et on se trouve peu-à-peu au-dessus. Alors l'eau qui remplissait le vide de toutes ces voûtes, remonte à la surface, et forme une mare de trois ou quatre pouces de profondeur plus ou moins, dans laquelle on peut marcher en toute assurance. Les vaches, les chiens et les autres animaux qui fréquentent souvent les dunes, et qui par hasard tombent dans ces *blouses* (c'est ainsi qu'on nomme ces sortes de gouffres), soit par instinct ou par expérience, emploient ce moyen méthodique pour en sortir, toutefois lorsqu'ils n'y sont pas trop profondément engagés, et qu'ils conservent au moins la liberté du mouvement des jointures des épaules, autrement ils n'en sortiraient jamais sans secours. J'en ai fait deux fois l'expérience dans le même jour : mon cheval s'ensabla dans l'une de ces blouses jusqu'au-dessus du poitrail ; quoique très-vigoureux, ses efforts furent impuissans : nous parvînmes cependant à l'en dégager, en écartant et en enlevant les sables dont ses jointures étaient embarrassées.

Il est assez rare que les animaux accoutumés à vivre dans les dunes, se trouvent surpris dans ces espèces de piéges, qu'ils connaissent et qu'ils savent très-bien éviter.

J'ai fait des efforts inutiles pour y faire entrer, à coup de gaule et d'éperon, un autre cheval sur lequel je montai. Celui à qui il appartenait, et qui nous servait de conducteur, m'assura que je n'y réussirais pas ; il n'y avait cependant d'autre indication pour reconnaître cette blouse, qu'une surface plane et un peu ridée : c'est ordinairement à ces marques, qui ne sont rien moins que sûres, qu'on peut à la rigueur les distinguer ; mais on les évite toujours en suivant les traces des troupeaux, lorsqu'elles peuvent être aperçues, ou en marchant à quelques toises au-dessus du bas des rampes, ou sur le sommet des dunes.

28. On rencontre de temps en temps, entre la laisse des hautes et celle des basses marées, des blouses d'un autre genre dont il paraît essentiel de faire ici mention. Elles sont quelquefois occasionnées par les eaux de pluie, mais le plus souvent par celles de la mer, lorsque les vents et la tempête lui font franchir ses bords, ordinairement plus élevés que les terres qui se trouvent au-delà. Ces eaux s'amassent, filtrent au travers des terres qu'elles délaient ou qu'elles entraînent, s'ouvrent un passage sur cette même plage, et forment, en-dessous, des excavations plus ou moins larges et plus ou moins profondes.

Je ne dois pas négliger de rapporter encore un fait assez singulier qui s'est passé sous mes yeux, et qui semble prouver (ainsi que je l'ai déjà dit), que les animaux qui fréquentent ces plages et qui vivent sur les bords de la mer, emploient des moyens combinés que leur donne indubitablement l'expérience, pour se retirer de ces gouffres, dans lesquels ils trouveraient une mort presque certaine, si, comme il est très-naturel, ils cherchaient à l'éviter en reculant, ou par la fuite.

En parcourant la plage d'Arcachon, après une tempête effroyable, accompagnée de pluies très-abondantes, nous crûmes qu'il était prudent de mettre pied à terre et de conduire nos chevaux à la main. Un de ces chevaux, livré absolument à lui-même, voulut abandonner la troupe et quitter le rivage, qu'on l'obligea de reprendre à coups de fouet. Il passa sur le précipice qu'il cherchait probablement à éviter ; mais dans l'instant même où il sentit la voûte manquer, il se coucha, ou plutôt il se jeta précipitamment sur le côté. L'affaissement s'opéra sous lui et tout autour de lui : l'eau surmonta les sables ; il n'eut que la croupe mouillée, et il n'en résulta d'autre désagrément pour nous que celui de la perte de notre provision de pain, qui fut mouillé et détrempé dans l'eau salée, et qu'il nous fut impossible de manger.

Il est très-certain qu'un homme qui éprouverait le même malheur, n'aurait rien de mieux à faire que de s'étendre de même, et dans l'attitude à peu-près de quelqu'un qui s'élancerait sur l'eau pour nager. Il n'est pas besoin de chercher à démontrer le très-grand avantage de ce moyen : une plaque de plomb de plusieurs milliers pesant, et de quelques pieds de superficie, qu'on laisserait tomber à plat sur un corps liquide quelconque, ne coulerait à fond qu'autant que le fluide pourrait s'échapper et lui faire place ; cette masse tombant de même sur une blouse, elle en doit ébranler toutes les parties ; mais elle empêche les sables, ou les terres qui composent la voûte, de se soulever ; et les autres terres contiguës en empêchant l'écartement, les débris des autres voûtes vont remplacer les eaux qu'elles font refluer : les tassemens alors s'opèrent nécessairement vers le centre, et le corps supérieur reste dessus, ou du moins ne s'engloutit pas. Ces blouses sont presque toujours annoncées par des sources, au-dessous desquelles, quand cela est possible, il n'y a point de danger de passer.

29. Les blouses que l'on trouve soit sur les bords de la mer, soit dans les dunes, sont presque aussitôt détruites que formées; celles-là, ne résistant point aux vagues qui viennent battre dessus, disparaissent à la marée montante, et celles-ci par les infiltrations et après quelques jours de beau temps.

CHAPITRE II.

Causes qui concourent à la formation des Dunes.

30. QUELQUES naturalistes ont prétendu que les matières qui composent les dunes, ne proviennent que des dépôts chariés dans la mer par les eaux des rivières ou des ruisseaux qui s'y réunissent, et que ces matières, rejetées par les flots, en sont le seul aliment.

On ne peut nier que cette faible cause ne soit entrée pour quelque chose dans la formation et l'accroissement de ces sables; mais il sera aisé de se convaincre de son insuffisance, en jetant un coup-d'œil sur la prodigieuse quantité de ceux qui se trouvent entre l'embouchure de la Gironde et celle de l'Adour, et en la comparant avec le vide des vallons creusés par ces deux fleuves ou par les ruisseaux ou rivières qu'ils reçoivent. Les dunes embrassent une étendue de 120,000 toises de longueur sur au moins 2,500 toises de largeur, et sur une hauteur réduite que l'on croit pouvoir porter, sans erreur, à 54 pieds ou 9 toises *. Leur cube total, d'après ces dimensions, doit être actuellement de 2,700,000,000 toises. Si l'on considère maintenant que ces sables sont des corps très-distincts, entiers, non décomposés, anguleux, qui n'éprouvent que peu ou point de fermentation avec les acides **, et qui ne sont généralement que des débris ou parties de quartz ; que dans la coupe de ces vallons, au contraire, on ne trouve que des argiles, des glaises, des terres calcaires et végétales ; que les vides faits par les eaux étaient indubitablement remplis de terres de même nature ; que les dépôts de la Gironde et de l'Adour, les deux rivières principales, les seules, pour ainsi dire, qui auraient dû fournir cette énorme masse, sont généralement calcaires, glaiseux et productifs, on jugera que celle dont ces sables ont été extraits, a dû être peut-être dix mille fois plus forte que le cube tout entier des dunes, et que, dans la

* D'après un nivellement fait depuis le bord de la mer jusqu'à l'extrémité des dunes du côté de Lacanau, la hauteur réduite de ces montagnes est de 54 pieds moins quelques pouces, et leur largeur de 2200 toises ; et ce n'est pas dans cette partie précisément que se trouve leur plus grande largeur ni leur plus grande hauteur.

** Il n'y a que les sables que l'on ramasse sur le bord de la mer, qui éprouvent une fermentation, quoique légère, avec les acides, parce qu'ils sont mélangés de quelques débris de coquilles.

supposition même où il n'en serait que la millième partie, ce qui est évidemment au-dessous du vrai, celui du vide dont ils auraient été extraits, devrait être de 2 trillions 700 billions de toises, et formerait une suite de vallons de 84,375 lieues de longueur, sur 96 pieds de profondeur, et de 1000 toises de largeur réduite.

D'ailleurs, pour prouver que les rivières ne sont pas l'aliment unique de ces sables, transportons-nous un moment sur les bords de la mer; parcourons la côte d'Espagne, depuis le cap d'Ortegal jusqu'à Fontarabie et Bayonne, et celles de France, depuis Ouessan jusqu'à Oléron et Royan, nous y trouverons toutes les matières dont les dunes sont formées; nous y verrons des plages chargées de gravier, des lits de pierre et de terre plus ou moins saillans, plus ou moins excavés, suivant l'adhérence des matières entre elles et la résistance de leurs parties; des grottes profondes dans des montagnes coupées à pic et tombant en ruine; des morceaux de rochers énormes et de pierres de toute espèce irrégulièrement entassés et nouvellement éboulés; des ouvrages élevés avec toutes les précautions et toute la solidité dont l'art est susceptible, s'altérer au bout de quelque temps, et éprouver, dans un court intervalle, des dégradations assez sensibles pour n'y plus reconnaître qu'à peine la main de l'ouvrier et les traces de l'art qui les avait élevés.

31. Ces rochers et ces terres sont continuellement

battus, soulevés, froissés les uns contre les autres, et roulés et entraînés, par le mouvement constant et toujours actif des eaux de la mer, vers le fond du golfe de Gascogne : les quartz, les cailloux, les graviers, en se détruisant eux-mêmes, minent insensiblement et à la longue les masses les plus fortes et les rochers les plus durs. Tous ces débris enfin se décomposent, se broient et s'atténuent sur la plage, jusqu'à ce qu'assez réduits et pour ainsi dire pulvérisés, ils puissent être enlevés par les vents, jouer un nouveau rôle dans la nature, et y reparaître sous une nouvelle forme.

§ 32. Les sélénites, les terres calcaires et argileuses beaucoup plus tendres, plus susceptibles d'être divisées, plus promptement pulvérisées, et en peu de temps absolument délayées et même décomposées, ou se combinent avec les eaux, ou restent suspendues au milieu d'elles, et sont entraînées dans les baies à l'abri des vents, ou dans ces gouffres profonds et inconnus, où ces eaux plus tranquilles leur donnent le temps de se précipiter et de se déposer.

Il est assez généralement reconnu que les vents et les courans n'agissent que sur la surface des mers, ou que du moins ils ne se font pas sentir à une très-grande profondeur; et l'expérience journalière prouve d'ailleurs encore, que c'est sur leurs bords que se font la division et la séparation des matières qui doivent être déposées dans ces abymes, et de celles qui sont destinées pour la formation des dunes.

33. Nous croyons avoir assez détaillé les causes de ces immenses amas de sables. Non-seulement on ne peut révoquer en doute que ce ne soit la mer qui les forme et les prépare ; mais il est encore également démontré qu'ils ne sont qu'une faible portion de masses des milliers de fois plus immenses encore, qu'elle a abattues, déchirées et pulvérisées sur ses bords. C'est un des moyens que la nature, toujours sûre de parvenir à ses fins, emploie pour détruire et peut-être pour régénérer toute la surface du globe.

Tout ce qui existe est voué à la destruction ou à la mort, et tôt ou tard doit subir cette loi générale. Tel être ne vit qu'un jour, et tel autre existe pendant plusieurs siècles ; et les plus hautes montagnes, celles dont le sommet au-dessus des nues semble défendu par les glaces qui le couvrent, sapées par leur base, perdent journellement quelques parties d'elles-mêmes, luttent en vain contre la fureur des flots, et leur opposent inutilement des roches durcies par la vieillesse et dont l'origine absolument inconnue se perd dans la nuit des temps.

CHAPITRE III.

Conjectures sur l'époque de la formation des Dunes dans le golfe de Gascogne.

34. Ce serait avoir une présomption bien déplacée sans doute, que d'imaginer pouvoir déterminer l'époque du commencement de la formation des dunes sur les côtes de Gascogne. Sans nous bercer de cette folle idée, nous avons cru cependant ne pas devoir passer sous silence quelques faibles probabilités, que le mouvement de ces sables et leur direction actuelle du couchant au levant paraissent nous en donner.

35. D'après des remarques faites dans le courant de mai 1776, l'une de ces montagnes, par un vent d'ouest assez régulièrement soutenu, avança de trois pieds environ en six jours.

Le cube des sables enlevés de la plage pendant ce même intervalle, se trouva de 1 pied 7 pouces cubes par toise courante. En supposant que la marche réduite de ces sables, du côté des terres, soit de 60 pieds dans une année, ainsi que nous l'avons observé précédemment (19) : le cube de ceux qui sortiront de la mer, sera, d'après cette proportion, pendant cette même année, de 5 toises 2 pieds à-peu-près par toise courante, ou de 640,000 toises cubes, pour toute la longueur de 120,000, depuis la pointe de Grave jusqu'à l'embouchure de l'Adour; d'où il semble que l'on peut déduire que la totalité trouvée (30) de 2 billions 700 millions a dû sortir en 4218 années.

L'erreur qui peut résulter de la proportion que nous venons d'établir entre la marche de ces sables du côté des terres, et le cube de ceux qui sont enlevés de la mer, ne peut pas être très-fautive, puisque c'est la même cause qui les en fait sortir et qui les en éloigne. Il serait seulement à désirer que les expériences qui nous ont servi de base, eussent été pendant long-temps rigoureusement suivies ou très-souvent répétées.

36. On pourrait conjecturer encore, d'après ces expériences, que si les dunes ont véritablement avancé de 60 pieds réduits, ou de 10 toises chaque année, elles ont dû, en 4218 ans, parcourir 42,180 toises de terrain, et se trouver, par cette raison, à environ 42 mille toises du bord de la mer; au lieu qu'elles n'en sont éloignées généralement que de 2,500 toises.

37. Il est démontré, par la différence des terres, des pierres et des fossiles, que le terrain des landes est assez récemment formé et abandonné par la mer; un terrain très-nouveau enfin, si on le compare avec celui qui se trouve sur la rive droite de la Garonne, en Périgord et en Agénois. Les corps marins, en très-grand nombre dans ces dernières contrées, sont pour la plupart étrangers à nos mers. L'espèce même

de plusieurs ne se retrouve plus : les uns sont minéralisés ; et les autres, presque toujours plus durs que la pierre qui les enveloppe, sont quelquefois silifiés.

Ceux qu'on remarque au contraire dans les terrains des landes, ont à peine changé de nature, et sont environnés d'une gangue tendre et friable, qui n'a pas eu le temps encore de se durcir ; ils sont le plus souvent tels que les eaux les ont déposés, et tous leurs analogues se retrouvent dans les mers qui nous environnent.

38. Il est aussi évidemment reconnu, que dans le golfe de Gascogne, la mer en cet instant gagne journellement dans les terres. Le fort Cantin, à deux lieues de la Teste, construit pendant la guerre de 1754 à plus de 100 toises du rivage, est aujourd'hui absolument enseveli sous les eaux ; l'île de Cordouan, qui tenait anciennement à la terre ferme, s'en éloigne tous les jours, et les débris des roches escarpées des côtes d'Espagne, de Saint-Jean-de-Luz et de la Saintonge, donnent des preuves incontestables de la vérité de cette assertion.

Si l'on peut faire remonter l'époque de l'origine des dunes dans le golfe de Gascogne à 4218 années, on peut en conclure que la mer a empiété pendant ce temps sur les terres de 39,500 toises.

39. Par tous ces faits, on peut présumer encore que la mer a successivement attaqué et abandonné

à plusieurs reprises la partie du continent que nous habitons, et qu'elle éprouve des balancemens alternatifs, tantôt d'un côté et tantôt de l'autre, effets dont les vents régnans sont la principale cause.

40. L'engloutissement d'une chaîne de montagnes, événement très-possible et qui peut être l'effet des feux souterrains; une irruption de l'océan dans les terres; une grande révolution dans l'intérieur du globe, qui peut être produite par la même cause, doivent nécessairement occasionner également de grands effets, même dans l'atmosphère? et ne serait-il pas possible enfin qu'une de ces crises violentes auxquelles le monde paraît sujet comme tous les êtres qui en font partie, eût à différentes reprises dérangé l'ordre des vents et ramené la mer sur les terres qu'elle avait anciennement formées, pour les détruire et les recomposer encore, et qu'alors précisément ait commencé la formation des dunes sur nos côtes!

Il est assez singulier que cette époque, qui, d'après notre calcul, remonte à 4,218 ans, se rapporte à peu de chose près à celle du déluge.

CHAPITRE IV.

Moyens qui peuvent être employés pour la fixation des Dunes.

41. La fixation des dunes en grand a toujours été considérée, sinon comme impossible, au moins comme très-difficile, et comme devant coûter des sommes énormes. La cour de Danemarck a fait à cet égard, sur plusieurs côtes de ce royaume, des tentatives très-dispendieuses, et presque toujours à pure perte *. L'académie de Leyde, vers le milieu de ce siècle, proposa des prix pour fixer les sables de Skwelingue; le mémoire où elle crut trouver les moyens les plus propres à remplir cet objet, fut couronné.

L'application en fut faite, mais ils n'ont pas réussi.

42. Les dévastations occasionnées par les progrès

---

* J'ai trouvé depuis la rédaction de ce Mémoire, dans le nouveau voyage de Coxe en Danemarck, Suède, &c., publié en 1791, que le général Claussen avait employé avec succès le moyen des couvertures en branchages (dont nous nous sommes également servis en 1787 et 1788), pour fixer les sables des environs de Fréderic Swerk sur le rivage septentrional de Zélande.

« En fixant, dit l'auteur, les plantes marines sur la terre avec » des branchages de sapin, ce général est parvenu à consolider » le sol et à fertiliser un désert de plusieurs milles ». (*Page 72, ligne 13.*)

des dunes qui se trouvent dans le golfe de Gascogne, plutôt que les avantages qui pouvaient résulter de leur fertilisation, ont seules jusqu'à ce moment excité quelques particuliers qui y étaient exposés, à tenter divers moyens pour s'en garantir. Les uns, bien convaincus peut-être d'une vérité incontestable, qu'il était inutile de rien entreprendre pour la fixation de ces sables si l'on n'attaquait d'abord les parties les plus à proximité de la mer, ont jeté au hasard sur ses bords, des graines de pin et de gramen, et les ont ensuite abandonnées à elles-mêmes, en confiant leur accroissement à la seule et simple nature.

Mais la plupart de ces graines, en butte à la fureur des vents ou recouvertes par les sables, ont presque toujours été ou déracinées ou ensevelies; et celles qui ont échappé à ces deux causes de destruction, n'ont produit que des plans isolés, et qui, trop épars pour se défendre réciproquement, languissent pendant plusieurs années, et finissent par périr. D'autres sont quelquefois parvenus à arrêter pour quelque temps ces monticules vagabonds, échappés à la masse dont nous avons fait mention *.

* Il ne s'agit, pour cela, que de poser sur toute la longueur de la dune et sur sa partie la plus élevée ou sa crête, des cordons ou haies les unes au-dessus des autres. On empêche ainsi le sable de passer au-dela du sommet de la dune, où il s'accumule et continue de s'accumuler jusqu'à ce que la rampe exposée à la fureur du vent ait acquis un talus presque aussi

43. Il faut donc indispensablement, pour garantir tous les établissemens menacés de l'invasion par les dunes, non-seulement qu'elles soient entièrement fixées sur toute leur longueur, et depuis leur extrémité du côté des terres jusqu'à leur origine sur les bords de la mer, mais encore se rendre maître des sables préparés et rejetés par cet élément. Ce grand travail, qui doit embrasser une étendue au moins de 300 milles, ou de plus de 75 lieues carrées, ne peut être entrepris que par le Gouvernement : les dépenses que son exécution nécessite, sont sans contredit au-dessus des facultés et des forces réunies de tous les propriétaires riverains ; et il faut de plus aux moyens naturels joindre nécessairement les secours de l'art.

---

rapide que celui de la rampe abritée : elle reste alors plusieurs années dans cet état ; mais à la longue, un fort ouragan lui fait franchir ces légers obstacles. Cette méthode a été employée à Dowan en Suffolk, et n'a réussi que parce qu'on profita du temps que les sables furent arrêtés pour en couvrir la surface avec des fumiers et de la bonne terre. Ce moyen, d'ailleurs très-dispendieux, n'est ni possible ni proposable même pour les dunes vagabondes du golfe de Gascogne. (Voyez l'*Abrégé des Transactions philosophiques*, tome I.er, page 418). On va citer ici deux passages que l'on y trouve :

« Le propriétaire s'efforça d'abord d'arrêter ces sables par la » force, en élevant des boulevarts contre ses assauts ; mais ce » n'était pas le moyen d'arrêter un ennemi aîlé. Voyant l'insuf- » fisance de ses efforts, le cultivateur avisé détruisit non-seu- » lement ses derniers ouvrages, mais encore ses clôtures et tout » ce qui pouvait retarder le passage de cet hôte fâcheux : en

Nous sommes intimement convaincus que la fixation absolue et la fertilisation de ces sables ne doit être ni dispendieuse (en comparant toutefois les dépenses avec les avantages, car on ne pourrait ensemencer une aussi grande quantité de terrain, quelque fertile qu'il fût, sans des frais proportionnés à son étendue), ni difficile en prenant les précautions nécessaires, et en suivant exactement dans la conduite de cet ouvrage, l'ordre indispensable pour en assurer le succès.

44. Le premier objet dont il paraît qu'on doive s'occuper, quoiqu'il ne soit peut-être pas précisément essentiel, mais que l'on regarde comme infiniment

---

» quatre ans de temps, il obtint par l'acquiescement et la sou-
» mission ce qu'il n'aurait jamais eu de toute autre manière »....
Et on lit un peu plus loin : « Cette montagne de sable a
» maintenant passé dans l'enceinte de cette petite ville, où elle a
» enseveli et détruit diverses maisons et autres bâtimens, et nous
» a forcés, pour préserver les autres, à faire plus de dépenses
» qu'elles ne valent, et sans doute elles auraient aussi péri, si
» mon attention pour cette pauvre demeure ne m'eût engagé à
» la conserver avec plus de frais qu'il n'en avait fallu pour la
» construire. J'ai enfin, en quelque sorte, arrêté cette montagne ;
» car y ayant opposé pendant quatre à cinq ans des haies de
» genêt épineux que j'élevais les unes au-dessus des autres à
» mesure que le sable parvenait à leur niveau, j'ai élevé, dans
» un circuit d'environ huit à dix acres, un banc de sable à-peu-
» près de 60 pieds de haut ; et ensuite dans l'espace d'une année,
» à force de le couvrir de bonne terre et de fumier, je l'ai
» réduit de nouveau en terre ferme.

utile, c'est d'empêcher ces sables de s'échapper de la plage, et de prévenir les dégâts qu'ils pourraient faire dans de jeunes plants sortant de terre, jusqu'à ce qu'ils eussent acquis assez de hauteur pour s'en défendre par leur propre force, ce qui arriverait toujours après la quatrième ou cinquième année. Nous avons vu, article 35, que la quantité de ces sables n'était que de cinq toises deux pieds cubes par an; il est bien certain que cette petite quantité régalée sur une surface un peu étendue, ne peut que chausser les pieds des jeunes arbres sans leur nuire. On peut remplir parfaitement ce premier objet de deux manières; la première, et en même temps la moins coûteuse et la plus simple, consistera dans la construction d'un cordon de fascines de quatre ou cinq pieds de hauteur, établi parallélement à 20 ou 25 toises au-delà de la laisse des vives eaux. Ce cordon arrêtera les sables; et si, ce que l'on ne présume pas, il en était surmonté après deux ou trois ans, il pourrait être aisément exhaussé par un nouveau cordon de pareille hauteur, et même d'un troisième s'il devenait nécessaire.

45. Par la seconde manière, on suppléerait à ce cordon au moyen d'un fossé de douze pieds de largeur sur six de profondeur, qui recevrait les sables échappés de la plage, jusqu'à ce qu'il en fût comblé. Les terres qui en proviendraient, opposeraient encore une digue qui retarderait leur évasion; mais il faudrait

pour cela qu'elles eussent assez de consistance pour résister à toute la violence des vents à laquelle elles seraient exposées : ce fossé, qui serait très-avantageux sans doute, ne pourrait être exécuté généralement par-tout.

46. Il se trouve le plus ordinairement, entre le pied des dúnes et la laisse des hautes marées, un espace quelquefois de cent toises, et même souvent plus considérable, dont la surface est plane et presque de niveau, et sur laquelle les sables sortant de la mer glissent, sans s'arrêter, jusqu'à ces montagnes : c'est cette partie qu'il est absolument indispensable de fixer par des semis. Tout travail dans le milieu des dunes, ou à leur extrémité du côté des terres, serait tôt ou tard détruit ou mutilé.

Du succès de cette première plantation, doit dépendre celui de l'entreprise ; lorsqu'on en sera venu à bout, il ne restera, je crois, aucun doute sur la fixation absolue de cet énorme espace de sable.

47. On propose donc de semer toute cette partie plane et presque de niveau, en graines de pin et de genêt ordinaire et épineux, qui y pousseraient d'autant plus vîte, et dont la végétation y serait d'autant plus prompte, que ce terrain leur est très-favorable. On ne doit donc pas craindre que cette graine soit ensevelie dans les sables et qu'elle ne puisse germer, sur-tout si on emploie le moyen des cordons pour

en protéger la pousse pendant les trois ou quatre premières années. On sait que ce temps est plus que suffisant pour que les graines, sur-tout semées dans un terrain de cette espèce en quantité assez abondance, forment un fourré impénétrable de deux à trois pieds au moins de hauteur : alors notre principal objet sera rempli.

48. Les nouveaux sables qui sortiront annuellement de la mer, en trop petite quantité pour leur nuire et les surmonter, seront retenus par ces plantations, s'accumuleront à la longue, formeront une nouvelle dune contenue sur ses bords, qui protégera le terrain et les plantations qui se trouveront après elle, non-seulement contre les vents, mais encore contre les efforts de la mer, qu'elle tendra à retenir dans son lit, et dont elle diminuera les progrès sur nos côtes. Cet effet paraît naturel : la dune fixée sera sapée par sa base ; les sables éboulés retomberont alternativement sur la plage et seront reportés au dehors. Cette lutte continuelle, cette opposition renaissante doit produire un ralentissement d'autant plus sensible dans les irruptions des eaux, que, par la nature quartzeuse de ces sables et leur petitesse, ils résisteront plus long-temps, et ne seront pas susceptibles d'en être aussi promptement décomposés.

49. Cette partie ensemencée depuis le cordon jusqu'au pied des dunes, on doit en regarder la

fixation entière comme absolument assurée. On pourrait, à la rigueur, abandonner après tout le reste à la nature et s'en rapporter à ses soins, lorsqu'on aura levé les obstacles qui s'opposent en ce moment à ces moyens. Les vents nuisibles, ceux enfin qui bouleversent et font mouvoir ces montagnes, viennent de la partie de l'ouest (16), c'est-à-dire, du côté de la mer : cette bande ou cette lisière, plantée en pins, abritera l'espace qui se trouve en avant ; cet espace sera bientôt lui-même couvert par de jeunes plants, qui à leur tour en protégeront un autre, et ainsi de suite jusqu'à l'extrémité des dunes. Nulle espèce de terrain n'est plus propre à la production des pins, que ces sables : cet arbre s'y reproduit avec une facilité extrême ; et les ailes dont ses graines sont armées, les portent au loin, quoique sans confusion, en très-grande abondance.

Il ne faut pas cependant se dissimuler que ce travail de la nature serait très-long, et ne pourrait guère être entièrement opéré que dans au moins deux siècles, tandis qu'il peut être accéléré sans peine.

50. Pour y parvenir plus sûrement, et en voir promptement la fin, lorsque ces premiers semis auront été exécutés, et que ces jeunes plants auront acquis une certaine vigueur, c'est-à-dire, au bout de cinq ou six années, les plantations doivent être étendues vers les terres et conduites jusqu'au sommet des montagnes.

Cette deuxième partie exécutée, on en entreprendra une troisième, et successivement, mais toujours par zones à peu-près de 25 à 50 toises de largeur, plus ou moins, et en observant bien exactement, sur-tout, de ne laisser aucun vide trop sensible entre ces diverses plantations ; il est très-nécessaire qu'elles soient contiguës et à la suite les unes des autres.

51. Après avoir indiqué l'ordre, la marche et la conduite qui doivent être rigoureusement suivis dans l'exécution de ces ouvrages, nous devons naturellement faire mention des moyens nécessaires pour défendre ou protéger les jeunes plants provenant de ces semis, pendant les trois ou quatre premières années.

Quelques légères précautions suffiront à cet égard pour les vallons et les parties de niveau qui se rencontrent dans les dunes ; mais il faut des soins plus étudiés, et des moyens d'art, dans les rampes et sur le sommet de ces montagnes.

Celui d'une couverture générale en branchages de pins, de genêts et d'arbousiers, fixée avec des piquets, suppléerait à tous les autres, suffirait dans tous les cas et aplanirait toutes les difficultés; mais il serait extrêmement difficile, sur le bord de la mer sur-tout, de se procurer ces matières en quantité suffisante, à cause de la grande distance des bois où il faudrait les aller chercher.

52. Le moyen que l'on croit dans cet instant devoir particulièrement adopter, parce qu'il paraît le plus économique, est celui des clayonnages en cordons de fascines, que nous venons de proposer (44), pour arrêter les sables qui s'échappent journellement de la plage.

Une partie de ces cordons doit être posée sur des lignes à peu-près de niveau et parallèles entre elles, mais plus ou moins rapprochées suivant les besoins et les circonstances, c'est-à-dire, suivant que les surfaces à défendre sont plus ou moins exposées à l'action des vents; et l'autre, sur des lignes transversales, qui formeront avec les premières, des espèces de cases, dans lesquelles les semis doivent se faire.

L'espace renfermé dans chaque case, se trouvera, sinon en totalité, au moins en très-grande partie, à l'abri. Les sables s'amoncelleront à la vérité contre ces clayonnages, mais en petite quantité, et ne les surmonteront pas. Les jeunes plants auront le temps de s'accroître assez dans les parties de ces cases qui seront abritées, pour mettre les autres à couvert avant l'entière destruction de ces clayonnages; et dans ce cas, notre objet sera parfaitement rempli. On sent d'ailleurs que, dans la supposition où les graines n'eussent pas germé pendant la première saison, ou même pendant la première année, il serait aisé d'en réparer la défection dans la seconde, par de nouveaux semis: cette opération ne peut être ni longue ni coûteuse, dans un sable mouvant, qui n'a besoin d'aucun labour, et toujours tout naturellement préparé.

53. Les premières plantations, celles sur-tout que nous avons proposées entre la laisse des eaux et le pied des dunes (49), seront d'une utilité non-seulement inappréciable, relativement à la situation générale de ces sables, qui à la longue doit en résulter, mais encore à la propagation des semis, si on juge à propos de les continuer : dans un espace de six à sept années au plus, elles produiront assez de branchages pour la composition des clayonnages et des couvertures que cette propagation nécessite. Ces matières indispensables, aujourd'hui très-éloignées, se trouveraient alors sur le lieu, et ne coûteraient que l'exploitation et la main-d'œuvre.

54. Les difficultés locales n'étant pas par-tout les mêmes, les différentes parties de ce vaste espace n'exigeront pas le même travail ni la même dépense. Celles qui sont de niveau n'auront besoin ni de couvertures, ni de cordons, dont on ne peut se passer, sur-tout dans les rampes ou sur le sommet des montagnes.

Toutes ces variétés ou ces différences peuvent être réduites ou divisées en quatre classes.

55. La première comprendra ces sommets et les parties de ces rampes les plus directement opposées

à la fureur des vents régnans. On estime que toutes les parties réunies de cette première classe peuvent former une superficie de cinquante milles carrés, ci.......................... 50 milles carrés.

56. La deuxième, celles de ces mêmes rampes sur lesquelles ces vents exercent une force moins active; on en évalue la surface à... 35.

57. La troisième, celles encore qui, du côté de l'est ou des terres, s'en trouvent absolument à l'abri; on peut porter leur surface à...... 40.

58. La quatrième, les vallons ou les parties de niveau, dont la surface est estimée............ 175.

TOTAL............. 300 milles carrés.

59. On observera, à l'égard du revers des dunes, ou des parties de la troisième classe, dont les talus sont généralement à terre coulante et très-mobiles (17),

1.° Qu'il serait nécessaire, lors même que les cordons seraient établis et les semis faits dans toutes les autres parties d'une de ces montagnes, d'attendre, avant de s'occuper de la fixation de ces revers, que les sables eussent eu le temps de se raffermir et de tasser;

Les éboulemens (24) occasionnés par les pluies, dégraderaient les clayonnages et détruiraient les plantations;

2.° Que, dans ce dernier cas, les cours de cordons horizontaux ne sont pas précisément nécessaires, et que peut-être même on pourrait se dispenser d'y en établir aucun, puisque, par leur position, toutes ces parties sont naturellement abritées.

CHAPITRE V.

Des ouvrages à faire pour la fixation générale des Dunes.

PREMIÈRE SECTION.

Ouvrages strictement nécessaires pour opérer cette fixation, mais à une époque indéterminée et éloignée.

60. Ces ouvrages consistent,

1.° Dans l'ensemencement seulement de la partie qui se trouve entre le pied des dunes et le bord de la mer, sur 100,000 toises de longueur, et sur une largeur réduite de 100 toises: la superficie de cet espace sera, par cette raison, de dix millions de toises;

2.° Dans l'établissement d'un cours de clayonnage de 4 pieds 6 pouces de hauteur et 18 pouces de largeur, à 20 ou 25 toises de la laisse des marées des vives eaux.

61. Ces dix millions de toises équivalent à dix milles carrés, et le mille carré à environ 1190 journaux bordelais de 840 toises 3 pieds carrés chacun. Ainsi la superficie totale en journaux bordelais, sera de 11,900 journaux.

62. Tout cet espace étant à-peu-près de niveau, fait partie de la quatrième division, et n'exige aucun travail particulier pour sa préparation. On aura seulement, lors de son ensemencement, l'attention de ne pas trop économiser les graines, afin que les jeunes plants puissent se protéger réciproquement lorsqu'ils sortiront de terre, sauf à les éclaircir, s'il en est besoin, après quelques années.

On suppose qu'il entrera sept ou huit graines par pied carré, ou une demi-once par toise.

Détail pour l'ensemencement d'un Journal.

	l	s	d
63. Le journal contenant 840 toises 3 pieds de superficie, exigera environ 25 livres de bonne graine, qui, estimées à raison de 5 sous la livre, vaudront...................	6.	5.	″
Transport à 4,000 toises de distance réduite. Un cavalier payé 3 livres, ne pourra faire qu'un voyage par jour, à cause de la difficulté des sables, et ne	6.	5.	″

	l	s	d
De l'autre part.	6.	5.	//
transportera qu'un quintal et demi de graines par voyage, ce qui fera revenir le transport de ces 25 livres, à.	//	10.	//

Ces semis doivent se faire avec une très-grande facilité.

Une femme tiendra de la main gauche une petite pelle ou spatule de 5 à 6 pouces de largeur, avec laquelle elle ne fera que soulever le sable sans endommager la surface, et placera dessous, à-peu-près à quatre pouces de distance et à un pouce ou un pouce et demi de profondeur, deux ou trois de ces graines avec la main.

Cette femme, payée 15 sous, peut aisément semer un journal dans deux jours, ci.	1.	10.	//
Les frais de conduite et les faux frais sont évalués à.	//	16.	3.
TOTAL pour l'ensemencement d'un journal.	9.	1.	3.

64. Les 11,900 journaux ci-dessus (61) reviendront, à ce prix, à. . . . . 107,843. 15. //

	l	s	d
Ci-contre	107,843.	15.	"

Construction de 100,000 toises courantes de clayonnage de 4 pieds et demi de hauteur et de 18 pouces d'épaisseur, pour retenir les sables qui sortent de la plage.

Détail pour une toise courante.

65. Six femmes payées à raison de 15 sous, et 4 hommes sur le pied de 1 livre 5 sous, couperont et lieront assez de branchages et de piquets dans un jour pour la construction de 40 toises courantes de clayonnage; ainsi les branchages pour 40 toises reviendront à 9l 10s, et pour une toise courante, à. . | l " | s 4. | d 9.

La distance réduite de l'atelier aux divers endroits où ces branchages peuvent être coupés, est évaluée à 3,000 toises.

Un cavalier payé comme ci-dessus (63), ne pourra faire que deux voyages par jour, et ne

l	s	d	l	s	d
"	4.	9.	107,843.	15.	"

	l	s	d	l	s	d
De l'autre part. . .	//	4.	9.	107,843.	15.	//
transportera que 36 pieds courans de fascines de 18 pouces de grosseur par voyage, ce qui fera revenir la toise courante de clayonnage à.	//	15.	//			
Toute espèce d'arbre ou d'arbuste sera propre à cet objet. On ne pense pas que les propriétaires des bois qui se trouvent aux pieds des dunes, puissent prétendre à aucune indemnité pour le faible dommage qu'on pourrait leur faire; mais dans la supposition où ils voudraient en être payés, on en peut estimer la valeur à 6 deniers par toise courante, ci. . . .	//	//	6.			
Deux hommes intelligens, payés 1 livre 10 s. chacun, peuvent facilement porter et	1	//	3.	107,843.	15.	//

	l	s	d	l	s	d
Ci-contre	1	″	3.	107,843.	15.	″
fixer avec 3 piquets, d'environ 6 pieds de longueur, par toise, 30 toises courantes de clayonnage dans un jour, ce qui fera revenir la pose d'une toise à.	″	2.	″			
Frais de conduite, et faux frais.	″	1.	11.			
Prix d'une toise courante de clayonnage. .	1.	4.	2.			
66. A ce prix, les 100,000 toises courantes de clayonnage reviendront à *				120,833.	6.	8.
				228,677.	5.	8.

* On a lieu de présumer, et on pourra s'en convaincre par l'expérience, qu'un seul cours de clayonnage ou de fascines, d'un pied et demi de hauteur, sera plus que suffisant pour retenir les sables sur le rivage, et y former le noyau d'une petite dune, dont l'effet ne peut être nuisible (44). Dans ce cas, cet article de dépense serait réduit des deux tiers.

En supposant qu'on puisse suppléer à ce clayonnage par le fossé que nous avons proposé (45), la dépense serait à-peu-près la même. C'est par cette raison qu'on n'a pas cru devoir en faire mention dans ce détail.

	l	s	d
De l'autre part.........	228,677.	1.	8.

Cabanes pour mettre les ouvriers à couvert pendant la nuit, ou pendant les trop grandes chaleurs ou les pluies.

67. Ces cabanes seront construites sur le bord de la mer, à quatre ou cinq milles les unes des autres ; elles auront 30 pieds de longueur sur 18 pieds de largeur, et seront partagées en deux par une cloison. Une de ces deux chambres servira de logement aux hommes, et l'autre aux femmes.

Chacune de ces cabanes, très-simplement composée de 20 poteaux, de deux cours de traverses de quatre fermes, le tout environné et recouvert de planches de pin, de huit pieds de longueur réduite sur huit à dix pouces de largeur, reviendra, d'après les détails particuliers qui en ont été faits, à la somme de 1,090 liv.

Et pour les vingt, à......	21,800.	"	"
	250,477.	1.	8.

	l	s	d
Ci-contre.............	250,477.	1.	8.
68. Aussitôt que les ensemencemens auront été faits, on en confiera le soin à vingt gardes, pendant les six premières années seulement. Le devoir de ces gardes sera de remplacer les graines dans les endroits où elles n'auraient pas germé, de rétablir les clayonnages, pendant les deux ou trois premières années, s'ils éprouvaient quelque détérioration, et d'empêcher les bestiaux de brouter les jeunes plants.			
Chacun de ces gardes recevra un salaire annuel de 300 liv., ce qui, pour les vingt, formera un objet de dépense, pour un an, de 6,000 liv.			
Et pour six ans, de.......	36,000	//	//
En supposant qu'il faille 11,900 livres de graines ou une livre par journal pour remplacer celles qui auraient pu manquer dans les premiers semis, la dépense sera, d'après le prix fixé ci-dessus (63), de.....................	2,975.	//	//
	289,452.	1.	8.

	l	s	d
De l'autre part.........	289,452.	1.	8.
Somme à valoir pour dépenses imprévues, ci.............	10,547.	18.	4.
TOTAL général de la dépense à faire pour l'exécution des ouvrages essentiellement nécessaires pour la fixation des dunes, ci...	300,000.	"	"

69. Nous croyons devoir placer ici deux observations bien importantes ; c'est que, par cette seule et modique somme, la fixation générale des dunes est assurée, quand même le travail que l'on va proposer dans la section suivante, ne serait jamais exécuté ; et que le prix réduit de la fixation d'un journal de ces sables ne reviendra pas à 26 livres, somme très-médiocre, et presque de moitié moins forte que celle qu'exigent le défrichement et l'ensemencement en graines de même nature, d'un journal de landes, dans les parties de ce pays où la culture des pins est dans la plus grande vigueur.

DEUXIÈME SECTION.

Des ouvrages à faire pour rapprocher l'époque de la fixation totale des Dunes, et pour achever cette entreprise dans l'espace à-peu-près de 30 ou 35 années.

70. Nous avons précédemment divisé en quatre classes (54) les différentes parties qui forment la superficie des dunes.

Nous

Nous avons estimé (55) que la surface de celles comprises dans la première classe était de.. 50 milles carré.

Celle des parties de la deuxième classe, de.................... 35.

Celle des parties de la troisième, de. 40.

Celle enfin des parties de la quatrième, de...................... 175.

Il faut soustraire de cette dernière quantité les dix milles carrés qui se trouvent entre le bord de la mer et le pied de ces montagnes dont on vient de donner le détail particulier : le reste sera de 165 milles, ou environ 196,350 journaux bordelais, ci....................... 196,350 journaux.

Détail pour un journal faisant partie de la quatrième classe.

	l	s	d
71. Vingt-cinq livres de graines, comme au détail ci-devant (63), à 5 s., ci..........................	6.	5.	"
Le transport est à 2000 toises de distance réduite.			
Un cheval avec son conducteur, payé 3 livres, fera deux voyages dans un jour, et ne portera qu'un quintal et demi de ces graines par voyage, ce qui fera revenir les 25 livres à	"	5.	"
Semis, comme ci-dessus.........	1.	10.	"
Frais de conduite...............	"	16.	"
Ensemencement d'un journal......	8.	16.	"

Les 196,350, à ce prix, valent. 1,727,880^{l}. ^{s} ″ ^{d} ″

72. Les 50 milles compris dans la première classe, produiront 59,500 journaux, ci. 59,500 journaux.

Détail pour un Journal faisant partie de la première classe.

73. Fourniture de graines, transport et semis, comme au détail précédent. . . . . . 8^{l}. ^{s} ″ ^{d} ″

Quatre hommes et six femmes, payés comme au premier détail (63), pourront couper et lier les branchages nécessaires pour la construction de 120 toises courantes de cordon ou de clayonnage de 18 pouces de grosseur, ce qui fera revenir la toise courante à. 1^{s} 7^{d} ″ ″ ″

Transport à 600 toises de distance réduite.

Les branchages seront pris dans les 1. 7. 8. ″ ″ 1,727,880. ″ ″

	s	d	l	s	d	l	s	d
Ci-contre	1.	7.	8.	"	"	1,727,880.	"	"
parties ensemencées depuis 5, 6 et 7 ans.								
Un cavalier, payé comme dans le détail précédent (63), fera huit voyages dans un jour, et ne transportera que 36 toises courantes de fascines, ce qui fera revenir la toise courante à	1.	3.						
Deux hommes, payés 30 sous chacun, pourront poser 60 toises courantes de cordon dans un jour, et la toise courante reviendra à	1.	"						
Prix de la toise courante de cordon	3.	10.						
Les cordons posés ainsi que nous l'avons dit,			8.	"	"	1,727,880.	"	"

	l s d	l s d
De l'autre part....	8. " "	1,727,880. " "
seront espacés de 4 en 4 toises; ainsi chaque toise courante de cordon abritera 4 toises superficielles de terrain; et 210 toises, un journal.		
Les 210 toises courantes, à 3s 10d, reviendront à............	40. 5. "	
Frais de conduite et faux frais, ci.......	4. 16. 4.	
Total pour un journal faisant partie de la première classe.........	53. 1. 4.	
Les 59,500 journaux ci-dessus, à ce prix de 53l 1s 4d, coûteront..		3,157,466. 13. 4.

74. Les 35 milles carrés compris dans la deuxième classe, produiront 41,650 journaux, ci. 41,650 journaux.

Détail pour un Journal de la seconde classe.

75. La fixation des sables renfermés dans cette classe, exigera la moitié moins de cordons, il n'en doit, par cette raison, être employé que 105 toises courantes par

	4,885,346. 13. 4.

		l. s. d.
Ci-contre		4,885,346. 13. 4.
journal, qui, au prix ci-dessus de 3^s 10^d, reviendront à	l. s. d. 20. 2. 6.	
Fourniture de graines, transport et frais de semis, comme au détail précédent	8. ״ ״	
Frais de conduite, et faux frais	2. 16. 3.	
Valeur d'un journal	30. 18. 9.	
A ce prix, les 41,650 journaux de la seconde classe coûteront.		1,288,546. 17. 6.

76. Les 40 milles carrés de la 3.e classe produisent 47,600 journaux, ci . . 47,600 journaux.

Détail pour un journal.

Chaque journal n'exigera que 53 toises de cordon, qui, à 3^s 10^d, comme au détail précédent, coûteront.	l. s. d. 10. 3. 2.	
Fourniture de graines et ensemencement.	8. ״ ״	
	18. 3. 2.	6,173,893. 10. 10.

	l	s	d	l	s	d
De l'autre part.	18.	3.	2.	6,173,893.	10.	10.
Frais de conduite, et faux frais.....	1.	16.	4.			
Valeur d'un journal............	19.	19.	6.			
Les 47,600 journaux, faisant partie de la troisième division, à ce prix, reviendront à.....				950,810.	//	//
Somme à valoir pour entretien et autres dépenses imprévues *				875,296.	9.	2.
TOTAL général de la dépense à faire pour la fixation des dunes dans l'espace de 30 ou 35 années, ci.........				8,000,000.	//	//

* Nous avons évalué les dépenses imprévues à la somme très-forte de 875,296 liv. 9 s. 2 den., parce que nous n'avons pas cru devoir porter dans les détails ci-dessus la dépense que pourront occasionner les cordons transversaux, dont nous avons parlé dans le paragraphe 52. Nous ne croyons ces cordons utiles que dans quelques cas; alors la dépense qu'ils exigeront sera prise sur cette somme.

CHAPITRE VI.

Avantages qui doivent résulter de la fixation des Dunes.

77. Les avantages qui doivent résulter de la fixation des dunes, sont véritablement inappréciables.

1.° Nous avons suffisamment démontré que la modique somme de 300,000 liv. est suffisante pour parvenir à ce but, et que les bords de la mer étant plantés, on pourrait, si on le jugeait convenable, abandonner le reste à la nature, et lui laisser le soin des semis et de leur propagation.

Mais nous avons déjà observé que, dans ce cas (49), l'époque de la fixation générale de ces sables serait reculée de deux siècles, et peut-être même davantage;

Que pendant ce long intervalle, ils ne recevraient, à la vérité, aucun accroissement par ceux qui s'échappent de la mer, mais que rien ne les empêcherait de s'étendre du côté des terres; qu'il était prouvé par l'expérience (19), que leur marche était de dix toises au moins par chaque année *; d'où l'on

* On s'est assuré, par de nouvelles expériences, que l'avancement des dunes dans les terres était beaucoup plus considérable. Ainsi les résultats qui dérivent de cette supposition, loin d'être exagérés, se trouvent trop faibles.

doit conclure que dans deux siècles ils auront parcouru une zone de 2000 toises de largeur sur 100 mille de longueur, envahi par conséquent toutes les vastes forêts de pins, toutes les terres cultivées et en bonne valeur, et enseveli tous les bourgs ou villages qui se trouvent aujourd'hui dans cet espace.

Il est donc infiniment urgent de commencer sans délai, de continuer sans interruption, et de finir le plutôt possible, tout le travail qu'exige cette grande entreprise, dont le terme peut être fixé à trente ou trente-cinq ans, comme on l'a dit précédemment.

78. 2.° Nous sommes bien convaincus qu'il n'existe aucun projet en France d'une utilité plus reconnue, d'un produit plus certain, et dont l'exécution soit plus assurée et moins dispendieuse; si toutefois l'on veut balancer les avantages avec les dépenses, ce qu'il ne nous sera pas difficile de démontrer.

La surface totale de ces sables a été évaluée à 300 milles carrés (3), ou à 357,000 journaux bordelais. On doit en déduire environ 20,000 pour les vides qu'on se propose de laisser afin d'éviter les inconvéniens du feu; le reste sera de 337,000 journaux.

On doit observer que ces vides, remplis en partie par des graines et par des arbustes moins combustibles que le pin, ne seront pas sans valeur, et serviront à la pâture d'une assez grande quantité de bestiaux de toute espèce, qui y trouveront amplement de quoi se nourrir; que les incendies dont les effets sont si dangereux dans les bois de pin, font seulement périr ces arbres, sans totalement les abattre et les consumer; que les flammes n'en atteignent point le sommet; qu'elles ne font que parcourir très-rapidement le sol toujours chargé d'une certaine épaisseur de feuilles sèches et de débris résineux; qu'elles n'attaquent que le pied de ces arbres, aussi toujours encroûtés de résine, sans gagner au-delà des saignées pratiquées sur dix à douze pieds de hauteur pour en extraire les résines, et que le feu s'éteint lui-même, dès qu'il parvient à des bois d'une autre nature ou moins combustibles.

Un journal de dunes planté en pins et en valeur, donne un revenu annuel de 15 livres : ainsi celui de 337,000 journaux sera de 5,055,000 liv. *

---

* On suppose ici que le journal planté en pins ne rapporte que trois quintaux de résine, et on en peut évaluer le prix à 5 liv. le quintal : quelquefois il vaut moins, mais assez souvent il vaut beaucoup plus; et dans la supposition où l'on trouvât ce produit un peu fort, on verra bientôt qu'il n'est point exagéré, si l'on considère que, pour éviter de trop longs détails, nous avons passé sous silence beaucoup d'objets réels de revenu dont les plantations seront susceptibles. Elles produiront, dès leur 7.e ou 8.e année, une immensité d'échalas pour la culture des vignes, et ensuite une énorme quantité de bois à brûler, de charbon, de planches et de bois de construction. On doit observer que les pins se renouvellent d'eux-mêmes, moyennant que le résinier ait la précaution de remplacer les pieds qui commencent à dépérir,

Les pins ne sont, à la vérité, en bonne valeur, que vingt-cinq ou trente années après leur plantation. En évaluant ces non-jouissances à 12 millions en sus de la première dépense, les produits n'en seront pas moins énormes, puisque ce capital rendra le très-gros intérêt de plus de $12\frac{1}{2}$ pour $\frac{o}{o}$, déduction faite de tous les frais d'extraction et de manipulation des résines.

79. 3.° Il est de fait que le journal de pin rend un produit bien moins fort dans les landes que dans les sables mouvans, tels que ceux des dunes, et que les frais de plantation sont moitié moindres dans ces derniers.

Il y a donc, à cet égard seulement, de très-grands avantages à leur donner la préférence pour cette culture.

80. 4.° Nous sommes obligés d'avoir recours à l'étranger pour nous procurer les térébenthines, les goudrons et les résines nécessaires pour nos usages journaliers et pour ceux de la marine; et si les dunes

---

par de jeunes; que ces bois, par cette raison, sont toujours en valeur; qu'un pin vit au moins cent cinquante ans, quand il est bien travaillé; que les vieux fournissent des bois de charpente, même préférables au chêne, lorsque les constructions auxquelles ils sont employés sont exposées à l'humidité; et qu'on extrait des goudrons des troncs blessés par les incisions qu'on leur a faites pour en faire couler la résine.

étaient cultivées, nous pourrions, au contraire, en exporter à l'étranger. Un journal de pins dans ces sables, doit rapporter au moins 3 quintaux de résine, et les 337,000 journaux plus d'un million, quantité que l'on pense plus que suffisante pour nos besoins.

81. 5.° L'aspect des dunes, leur surface et leur forme varient comme les vents (7). Le navigateur qui les remarque lors de son départ, ne les reconnaît plus à son retour, ou se trompe lorsqu'il croit les reconnaître.

Cette erreur a causé la perte d'un très-grand nombre, et on conserverait la fortune et la vie à une foule de citoyens utiles, par la fixation de ces montagnes; leurs vallons, leurs sommets formeraient des points non équivoques, d'après lesquels ils pourraient éviter les dangers auxquels ils sont toujours exposés lorsqu'ils approchent trop près de ces côtes. Les vides mêmes qu'on se propose de laisser pour éviter les inconvéniens du feu, pourraient être dirigés sur les écueils, et être placés de manière à tenir lieu de balises.

82. 6.° Toute espèce de chêne réussit très-bien dans les dunes. En semant quelques glands avec les graines de pins, on se procurerait par la suite une assez grande quantité de bois de construction, dont une partie considérable de la France est absolument dépourvue, et dont la disette augmente de jour en jour.

La fixation totale des dunes offre encore quelques autres avantages. Si elle était opérée, il serait facile de joindre la Garonne à l'Adour, par un canal de navigation qui pourrait, dans ce seul cas, être établi avec quelque sécurité dans le voisinage de ces sables.

Ce projet proposé et sollicité avec tant de chaleur depuis si long-temps, quoique inexécutable tant que ces sables seront mobiles, deviendrait alors véritablement utile pour l'exploitation des bois et des diverses productions des terres riveraines et des landes, et sur-tout pour l'exportation des résines qu'on retirerait de ces nouvelles plantations.

83. On pourrait peut-être encore percer à travers ces plantations quelques canaux de desséchement, pour l'écoulement des eaux de ces étangs dévastateurs (20) qui refluent dans les terres comme les dunes, et qui inondent plus de trente milles carrés des meilleures terres des landes et les plus propres à une bonne culture.

84. Nous ne devons pas douter que si par la fixation de ces sables on ne parvenait pas précisément à maîtriser les flots de la mer et à la retenir dans son lit, on ne pût au moins en ralentir les progrès. Obligée de briser et broyer sur ses bords tous les nouveaux débris des côtes d'Espagne et de Saintonge qu'elle charie continuellement, et de

remanier cette immense quantité de sables qui ne pourraient plus être enlevés par les vents, ses effets sur ses rives seraient naturellement ralentis et moins sensibles; nous devons même présumer que les talus presqu'à pic qui devront par la suite se former d'eux-mêmes sur les bords, occasionneront des changemens avantageux dans la partie de son lit la plus voisine de cette côte, car il est assez généralement reçu que la profondeur du lit de la mer est d'autant plus grande, que ses bords sont plus élevés au-dessus du niveau de ses eaux, lorsque le sol sur lequel elles roulent n'est pas composé de roches assez dures pour détruire l'effet de cette loi générale. La zone des brisans ayant par cette cause une moindre étendue, les marins auront quelques moyens de plus d'éviter les écueils qui occupent sur cette côte très-aplanie, quelquefois une largeur de plusieurs milles.

85. Nous ne pouvons nous empêcher de placer encore ici deux dernières observations, qui nous paraissent d'une très-grande importance. 1.° Lorsque les plantations que nous avons proposées sur le bord de la mer, et dont la dépense ne doit s'élever qu'à la modique somme de 300,000 livres, seront achevées, toutes les lenteurs qu'on pourrait apporter dans l'exécution des autres ouvrages, bien loin d'occasionner de plus fortes dépenses, ainsi qu'il arrive ordinairement dans presque toute espèce d'entreprise

suspendue ou abandonnée, diminueraient d'autant plus au contraire celles qu'exige la fixation générale de ces sables, qu'on mettrait plus de temps à la terminer.

2.° Les propriétaires, convaincus par l'expérience, éclairés par leur intérêt, encouragés par le succès de ces premiers semis, et par la modicité de la dépense que nécessiterait leur continuation, feraient des sacrifices pour les étendre et pour en accélérer l'exécution.

Le Gouvernement n'aurait pour cela besoin, si toutefois il ne pouvait ou ne voulait pas s'en charger lui-même, que de faire des concessions partielles de ce vaste espace, en obligeant cependant ceux à qui elles seraient faites, d'ensemencer les parties dont ils se chargeraient, dans un temps limité à quatre ou cinq années au plus; et afin de ne pas déranger l'ordre et la marche que nous avons établis (50), et qu'on ne peut se dispenser de suivre dans la fixation des dunes, ces concessions se feraient successivement, parallélement à la première plantation, sur deux ou trois cents toises de largeur, et sur une longueur indéterminée et proportionnée aux facultés des concessionnaires.

CHAPITRE VII.

Essais à faire pour s'assurer de l'efficacité des divers moyens proposés pour la fixation des Dunes.

86. POUR que les ouvrages qu'on se propose d'exécuter dans ces essais, ne deviennent pas à pure perte, il est essentiel que les deux extrémités des semis qui doivent être faits en conséquence, soient, autant qu'il sera possible, à l'abri de l'invasion des sables que les vents de sud et sud-ouest et ceux de nord et de nord-ouest pourraient y apporter; et pour tirer le plus grand parti de ces plantations, il conviendrait de les rendre utiles, non-seulement relativement au produit que l'on en doit naturellement attendre par la suite lorsqu'elles seront en pleine valeur, mais encore à la conservation des terrains cultivés et desdivers lieux menacés par les sables.

87. On trouve entre la petite et la grande forêt de la Teste, un vide d'environ 4000 toises de longueur et de 2000 de largeur, dont la fixation réunira tous les avantages que l'on peut désirer, et c'est cet emplacement que, par ces raisons, nous croyons devoir choisir. L'extrémité nord des semis y sera

défendue par le bassin et la petite forêt d'Arcachon ; et l'extrémité opposée, par la grande forêt de la Teste, et par le petit bassin du Pilat. Cette fixation détruira l'effet des sables sur les deux forêts qu'on vient de désigner, et qui se trouveront alors réunies ; et on préviendra par ce moyen la ruine prochaine du bourg intéressant de la Teste, et des terres cultivées qui l'environnent.

88. Il paraît très-constaté que les deux forêts de la Teste n'en formaient qu'une autrefois ; que ce vide est l'effet d'un incendie, et qu'elles sont établies sur des dunes absolument de même nature que celles qui font l'objet de ce mémoire. On n'a aucune notion des moyens qu'on a employés pour fixer leur emplacement.

89. On propose donc, pour ne laisser aucun doute sur l'efficacité des moyens précédemment détaillés, de les soumettre tous à l'expérience, et d'en faire l'application sur la partie indiquée.

Ce premier travail consistera, 1.° dans l'établissement d'un cordon de fascines (60), conduit parallélement à 20 ou 25 toises de la laisse des vives eaux, sur 4000 toises de longueur, qui (65) à 1^{l} 4^{s} 2^{d} la toise, reviendra à $4,833^{l}$ 6^{s} 8^{d}.

2.° Dans l'ensemencement de 952 journaux, faisant partie de

4,833 6. 8.

la

Ci-contre.............	4,833^{l} 6^{s} 8^{d}
la quatrième division, à raison (63) de 9^{l} 1^{s} 3^{d}................	8,627. 10. //
3.° Dans celui de 100 journaux, faisant partie de la première classe (72), à 53^{l} 1^{s} 4^{d}.....	5,306. 13. 4.
4.° Dans celui de 100 journaux (74), faisant partie de la seconde classe, à 30^{l} 18^{s} 9^{d}...	3,093. 15. //
5.° Dans celui de 100 journaux, faisant partie de la troisième classe (75), à 19^{l} 19^{s} 6^{d}. ...	1,997. 10. //
6.° Dans l'ensemencement également de 100 journaux sous les couvertures dont nous avons fait mention ci-dessus (51). Ce moyen que nous regardons comme immanquable, mais coûteux, ne peut et ne doit être employé que dans les cas les plus difficiles, et lorsque les autres moyens deviendraient insuffisans. On estime que la dépense qu'il exigera pour la fixation d'un journal, reviendra à environ 140 liv., et pour les 100 journaux, ci...........	14,000. // //
	37,858. 15. //

E

De l'autre part........	37,858[l]	15[s]	"[d]
7.° Dans la construction d'une cabane (67), à 1,090 liv.....	1,090.	"	"
8.° Dans l'établissement d'un garde (68) pendant 6 ans, à raison de 300 liv. par an.....	1,800.	"	"
	40,748[l]	15[s]	"[d]
Un 10.e pour frais de conduite et faux frais...........	4,074.	17.	6.
	44,823[l]	12[s]	6[d]
Somme à valoir pour dépenses imprévues..................	5,176.	7.	6.
TOTAL général de la dépense à faire pour les essais proposés *..................	50,000[l]	"	"

Fait par nous ingénieur des ponts et chaussées,

* Ces essais ont été faits, et ont tous complètement réussi, ainsi qu'il est constaté par le rapport de tournée ci-joint. La conduite en avait été confiée, sous la surveillance de l'ingénieur en chef, au citoyen *Peychan* jeune, habitant de la Teste, qui a mis dans l'exécution de ce travail, toute l'intelligence, le zèle et l'activité qu'on pouvait désirer. L'on croit même que, dans le cas où le Gouvernement se déterminerait à faire exécuter cette grande entreprise, on ne pourrait mieux faire que de le charger, comme précédemment, de son exécution. Aux connaissances de l'expérience, il joint les qualités de l'homme honnête; il a toujours donné des preuves de désintéressement et de probité scrupuleuse, par la manière dont il a rendu compte des dépenses que ces essais ont exigées.

le 25 avril 1780, et remis à l'administration du département de la Gironde, le 25 décembre 1790.

BREMONTIER.

Vu par nous administrateurs du département de la Gironde. A Bordeaux, le 15 germinal, an 4.e de la République française. *Signé* DUPLANTIER, *président;* PARTARRIEU, DUFAU, *administrateurs.*

DUPEIRE, *secrétaire-adjoint.*

EXTRAIT du rapport de tournée des C.[ens] Partarrieu, *administrateur, et* Bremontier, *ingénieur en chef des travaux publics du département de la Gironde.*

SUR différens mémoires faits et présentés à l'administration par l'ingénieur en chef, elle adopta les moyens qu'il avait proposés pour la fixation des sables qui se trouvent entre l'embouchure de l'Adour et celle de la Garonne.

Pénétrée des grands avantages qui pourraient en résulter pour le particulier et pour l'État, elle l'autorisa à en faire l'essai entre la petite et la grande forêt de la Teste et d'Arcachon.

Ce travail fut commencé et les premiers semis faits en mars 1787; il fut interrompu en 1789, repris en 1791, et enfin totalement abandonné en 1793 par défaut de fonds, et encore plus par des difficultés que firent naître quelques habitans mêmes de la Teste, car l'assemblée générale du département avait accordé, pour sa continuation, une somme annuelle de 6000 liv., qui n'y a point été employée. Depuis cette dernière époque, on n'a fait d'autre dépense, pour cet intéressant objet, que celle de l'entretien d'un garde qui a continuellement rempli ses devoirs avez zèle.

Dans la visite que nous venons d'en faire, nous n'avons remarqué, dans ces ensemencemens, aucune dégradation occasionnée par les bestiaux qu'il est chargé d'en écarter.

Ces semis sont dans le meilleur état possible : les sables,

dans les parties ensemencées, sont parfaitement fixés, et à l'abri de toute espèce de mouvement ; les vides de peu de conséquence dont on vient de parler, et qui s'y rencontrent, ne proviennent que de la différence des moyens qu'on a employés dans les divers essais, qui ont tous plus ou moins bien réussi.

On avait cru, dans quelques cas particuliers et dans quelques circonstances, devoir éviter les dépenses que l'on pouvait juger inutiles.

Il n'y a plus de doute sur le plein succès de la fixation des dunes : on ne peut sans surprise voir la beauté, la vigueur et la végétation de ces plantations ; on y trouve une grande quantité de pins, de sept ans, qui ont plus de 18 à 20 pieds de hauteur ; des plants d'osier de quatre ans, provenus de bouture, qui ont donné des jets, cette année, de 9 pieds de longueur, sans compter celle qu'ils acquerront encore jusqu'à la chûte des feuilles ou pendant la pousse d'août ; de jeunes chênes, des arbousiers, des genêts, &c., aussi vigoureux que dans les meilleures terres de la République.

Un plant de vignes, mis à dessein, à la vérité, contre une des barraques élevées au bord de la mer, pour la commodité des ouvriers employés à ces ouvrages, des grains de froment tombés par hasard, ou qui se sont trouvés parmi les graines de pin ou de genêt, lorsqu'elles ont été semées, sont des preuves non équivoques que des sables mobiles, quartzeux et inaltérables, ou du moins sans marque sensible de fermentation avec les acides, pourraient convenir à ces espèces de plantes, et qu'on pourrait les y cultiver avec succès, si toutefois la seconde n'était pas annuelle, et si la première formait une couverture suffisante pour empêcher l'effet des vents sur leur surface.

Ces semis embrassent tout le bord de la mer depuis la

petite forêt d'Arcachon jusqu'à 1000 toises du bassin du Pilat ; ce qui forme une longueur de 2,500 toises, sur une largeur plus ou moins étendue. On peut évaluer la surface des sables fixés ou de ces plantations, à-peu-près à un mille carré, ou 1000 ou 1200 journaux de 840 toises 3 pieds chacun, dont la dépense totale s'est élevée à 48,000 liv. D'où il suit que le montant réduit de l'ensemencement d'un journal, ne revient au plus qu'à 48 liv.

La possibilité de fixer ces montagnes errantes, ces sables destructeurs qui, sur une longueur de 120,000 toises, comprennent plus de 300 milles de superficie, qui depuis plusieurs siecles ont enseveli et continuent d'ensevelir journellement de vastes forêts, des établissemens, des villages entiers et des possessions précieuses, est donc absolument démontrée ; mais il n'est pas moins certain encore qu'il résulte de leur fixation des avantages inappréciables pour la France, qui manque de bois et de résines ; pour le particulier riverain, dont les possessions se trouveront conservées ; et pour celui ou pour ceux qui seraient en état d'en faire la dépense.

Fait à Bordeaux, le 9 fructidor, an 3.ᵉ de la République française, une et indivisible. *Signé* PARTARRIEU, *administrateur*, BREMONTIER, *ingénieur en chef.*

Pour copie conforme :

PARTARRIEU.

FRING, *secrétaire-adjoint.*

EXTRAIT *du registre des délibérations du directoire du département de la Gironde.*

Séance publique du 2 Vendémiaire de l'an 4.e de la République française, une et indivisible.

VU le procès-verbal ou rapport de la tournée faite en thermidor et fructidor derniers, par les citoyens *Partarrieu*, administrateur, et *Bremontier*, ingénieur en chef des travaux publics du département de la Gironde, sur partie des routes de l'arrondissement de Bordeaux, et sur les dunes de la Teste et autres qui se trouvent sur les bords de la mer entre Bayonne et la pointe de Grave, à l'embouchure du fleuve de la Gironde;

Le directoire du département de la Gironde, considérant qu'il résulte du rapport dont s'agit, que les moyens proposés et employés, d'après l'approbation des autorités supérieures, par le citoyen *Bremontier*, pour la fixation des dunes formées par les vents sur le bord de la mer près la Teste, ont parfaitement réussi, et que l'on ne peut révoquer en doute aujourd'hui la possibilité de fixer à jamais ces montagnes ambulantes;

Considérant que ces sables étant bien fixés, et formant par-là un obstacle assez puissant pour s'opposer aux progrès de la mer, présentent le double avantage de conserver sur les bords de cet élément, une étendue considérable de terrain susceptible d'être rendu très-productif, et de vivifier une contrée peu habitée, par les établissemens que fera naître le commerce abondant des bois de pin et des résines, qui seront le produit assuré des plantations qu'on aura faites sur ces montagnes;

Considérant enfin qu'il importe infiniment pour l'intérêt public et particulier, de multiplier les travaux déjà faits, avec le plus grand succès, pour les fixations des dunes de la Teste, sur une étendue d'un mille carré, ou d'environ 1,200 journaux, de 840 toises 3 pieds chacun ; de prendre les soins nécessaires pour protéger les jeunes plants ; de faire de nouveaux semis dans les lacunes qui peuvent s'y rencontrer ; en un mot, de rendre cette heureuse entreprise susceptible de tous les avantages que son exécution (en grand) peut seule assurer à l'État,

ARRÊTE, ouï le procureur-général-syndic :

Il sera adressé tant à la Convention nationale qu'à la commission des travaux publics et au comité d'agriculture et des arts, avec une expédition du présent arrêté, copies certifiées par l'administration, 1.° du rapport de tournée des citoyens *Partarrieu*, administrateur, et *Bremontier*, ingénieur en chef, ci-dessus cité, et du mémoire remis par ce dernier, en 1790 (*v. s.*), à l'administration du département de la Gironde, dans lequel sont amplement discutées et démontrées les causes de la formation des dunes, leurs progrès et leurs effets, ainsi que les moyens à employer pour les fixer.

2.° La Convention nationale, la Commission des travaux publics et le Comité d'agriculture et des arts, seront invités, de la manière la plus pressante, à prendre en considération les avantages bien reconnus que présente la fixation de ces montagnes, et à accorder les fonds nécessaires pour continuer les semis déjà faits avec le plus grand succès.

3.° Le garde des semis faits sur les dunes de la Teste, actuellement en activité de service, continuera de veiller à leur conservation ; il fera de nouveaux semis de graines de pins, de genêts et autres, dans les lacunes où il en est besoin, sous la surveillance de l'ingénieur en chef et de la commune de la Teste. Il lui sera alloué à raison de ce, à compter de ce jour, le traitement d'un manœuvre ordinaire, qui lui tiendra lieu de ses appointemens, jusqu'à ce qu'il en ait autrement été ordonné par l'administration.

4.° Le citoyen *Bremontier* est autorisé à donner au garde des semis dont s'agit, les ordres qu'il jugera convenables, pour qu'il remplisse, d'une manière utile, l'objet des fonctions qui lui sont confiées.

5.° Le citoyen *Bremontier* est également autorisé à charger le citoyen *Peychan* jeune, domicilié de la commune de la Teste, à faire l'achat des graines de pin ou autres nécessaires pour remplacer sur les dunes celles qui n'ont pas réussi, et il sera pourvu, par l'administration, au remboursement des frais qui en résulteront, d'après l'état certifié par l'ingénieur.

6.° Enfin, il sera remis à l'ingénieur en chef et à la commune de la Teste, une expédition du présent arrêté.

Délibéré en séance publique du directoire du département de la Gironde, le 2 vendémiaire, an 4 de la République française, une et indivisible.

Pour copie conforme:

DUPLANTIER, *président.*

DUPEIRE, *secrétaire.*

www.ingramcontent.com/pod-product-compliance
Ingram Content Group UK Ltd.
Pitfield, Milton Keynes, MK11 3LW, UK
UKHW020354180726
13839UKWH00003B/1098